CUADRADO OSCURO

Tone Hødnebø

encuentros
EDICIONES **imaginarios**

CATÁLOGO – KATALOG 2015
EDICIONES encuentros imaginarios - SIESTA FÖRLAG

ZONA ARKTIS

1. 29 JAICUS Y OTROS POEMAS de Tomas Tranströmer, 2003
2. ELVIS, ARENA PARA EL GATO Y OTRAS COSAS IMPORTANTES, 2003
3. LA CASA ES BLANCA de Jan Erik Vold 2008
4. YO HE VISTO ESTRELLAS QUE DEJARON DE APAGARSE de Nils Yttri, 2009
5. ESPERANTO DEL CUERPO de Birgitta Boucht, 2009
6. LA CASA ES BLANCA de Jan Erik Vold, 2009
7. EL PAÍS QUE NO ES de Edith Södergran, 2009
8. LUEGO DE NOSOTROS, SIGNOS de Tor Ulven, 2009
9. RUIDO de Tone Hødnebo, 2010
10. LLUVIA EN/ REGN I HIROSHIMA de Tarjei Vesaas, 2010
11. IDEALES EN OFERTA de Henry Parland, 2010
12. ABIERTO TODA LA NOCHE de Rolf Jakobsen, 2010
13. DE HABITACIÓN EN HABITACIÓN Sad & Crazy de Jan Erik Vold, 2011
14. LA REALIDAD MISMA de Gunvor Hofmo, 2011
15. MARIPOSA de Birgitta Boucht, 2011
16. POEMAS SELECTOS de Gungerd Wikholm, 2011
17. ESPEJOS QUE HUYEN (bilingüe) de Rabbe Enckell, 2012
18. ROTO de Henry Parland, 2012
19. MINIMUM de Anne Bøe, 2012
20. DIJO EL HACEDOR DE SUEÑOS (bilingüe) de Jan Erik Vold, 2014
21. PIEDRAS Y LUZ de Peter Sandelin, 2015
22. DOCE MEDITACIONES de Jan Erik Vold, 2016
23. ALCE de Jan Erik Vold, 2016
24. NOCHES DEL MAR DE BOTTNIA de Gösta Ågren, 2016
25. GANCHO de Jan Erik Vold, 2016
26. CUADRADO OSCURO de Tone Hødnebø, 2016

ZONA SIESTA

1. MALMÖ ÄR EN DRÖM av Tomas Ekström, 2011
2. BERING OCH ANDRA DIKTER av Luis Benítez, 2012
3. DE TRE SENASTE ÅREN av Jorge Fondebrider 2015
4. EN VISS HÅRDHET I SYNTAXEN av Jorge Aulicino, 2015
5. BORDERLINE av Andrés Norman Castro, 2015

CUADRADO OSCURO

Tone Hødnebø

Traducción directa del noruego de Roberto Mascaró

Diseño gráfico interior y exterior: Daniel Telles y Andrés Norman Castro
© *Tone Hødnebø, Mørk kvadrat*
© de la traducción y de esta edición: Roberto Mascaró
encuentros imaginarios-Siesta förlag
Malmö, 2015
Encuentro – Poesimöte
Bergsgatan 13 A
211 54 Malmö
Suecia
Tel. +46722872749

ISBN: 978-91-979735-8-8

Edición realizada con el apoyo de Norwegian Litterature Abroad
NORLA
NORWEGIAN LITERATURE ABROAD

TONE HØDNEBØ

Nació en Tønsberg, Noruega, en 1962. Vive en Oslo. Ha publicado seis libros de poesía y un volumen con traducciones de la obra de Emily Dickinson. Ediciones **encuentros imaginarios** *publicó en 2010 su poemario RUIDO (LARM).*

"Son perspectivas fantásticas las que Hødnebø nos presenta, con sus excursiones en lo cósmico y con la tierra vista desde el aire. Como la arquitectura más experimental, a menudo irrealizable, esta es una poesía especulativa. Ella es como un absurdo Leonardo da Vinci. Es la ruptura inclinada, es lo no planificado, es la lógica del sentimiento, la de la investigación, la del experimento. Así como el niño crea todo el tiempo nuevas cosas, libremente y sin censura, creo que esta poeta se ocupa de construir o crear algo para comprobar que es posible, para comprobar que aquello puede ser creado. El "¡Aire feliz!" de Dickinson se vuelve aquí un credo.

Janike Kampevold Larsen

CUADRADO OSCURO

Tone Hødnebø

El cielo es una central energética
que estalla atravesando todo el día,
el cielo construye un sistema
que atrapa el más pequeño movimiento
de hojas, insectos y humanos
Una industria se expande, década
tras década, copiándose a sí misma

A través de la pared de luz ves
una pared de luz una pared gris con dibujos
de rosas a través de una pared gris
ves una pared blanca y un dibujo blanco
y uno nuevo y uno nuevo
que se dibuja en el cielo nocturno

Una ciruela cae del árbol
y las hojas del árbol
se insinúan a través de los rayos del sol
Se pudre desde la mitad hacia abajo,
se devora a sí mismo
En el aire gira el polvo hacia arriba,
ya es sombra en una extraña oscuridad
Las rosas se abren, sin embargo,
parecen vidrio, todo se agranda,
pero la luz y el brillo de alrededor
obliga a todo a volver sobre sí mismo

Abro los ojos
en un sueño generoso
un boceto se dibuja una y otra vez,
hacia adentro de un círculo sesgado;
una mancha luminosa en un lago,
una ciudad afincada por regla
se copia en tu interior
desde un plan secreto
Descubres latidos de corazón,
respiras bajo el agua

Esa infancia que vino a ti en la noche
cuando no podías dormir. Eran árboles
que hacían un castillo, y tú trepaste al más alto
y te dormiste. Mientras dormías te bajaron
unas manos que no conocías, y la sombra susurró
tus rasgos y ya no fuiste una niña, sino un
perro que corrió lejos meneándose y relamiéndose

Un enjambre de abejas quiere entrar, entrar
Abre la ventana y déjalo entrar

hasta donde la reina espera para parir

*

(un rey)

Siempre, siempre quiero desaparecer hacia adentro
en esa sala, lastre tuyo,
lastre de las joyas, los lánguidos
movimientos son absorbidos en esa multitud,
el esplendor que te rodea, ebria de la dulzura
y todos los que participan en la celebración de ti

Miro a otra parte para ver otra cosa
Recuerdo: casas altísimas y hierba,
y la lluvia que cae a través del verano
Era una fábrica, una canción, una zona
Una tormenta. Eran espacios iluminados
que eran oscurecidos a cada minuto
En tu voz oía yo un tono decidido
Lo que esperaba lejos vino en tu voz
hacia mí desde otra dirección
Vi, vi el verano que era un otoño
Lo nítido, nítido que era
en la luz y la lluvia

No la rama que zumba,
no el viento fresco,
no el corazón enfermo

pero una voz que dice: vete a casa, vete a casa
Y *casa* es un lugar en un pequeño soviet
Un segundo más tarde estás tú transformada
El pensamiento del lugar lo expulsé hacia allá
Tú has de dar de ti y nunca arrepentirte
Tú abres tu cabeza. Piensas que los pensamientos
                              // se mueven
como un bosque alterado, y que el bosque es talado,
                              // de tres en tres

Una valla dentro de una valla
dentro de un área, un distrito determinado
dentro de otro, un departamento interior
en el mismo cuerpo, un cuadrado multiplicado
un niño corrupto se convierte en político,
en un corazón que se divide, sin integridad

Ondulante, en una plaza,
un retrato gris de un mar de gente
(mil funcionarios corresponden
a cien veces tu entendimiento;
duermes de ojos abiertos)

si te expulsan, te envían al patíbulo,
te cuelgan cabeza abajo
con uniforme gris

ahora llega una nueva revolución,
una nueva revolución y una nueva

si te designan
en el puesto, estás en el trono
(tiempo empíreo)

Es algo tan bello
hasta lo que puedas discernir,
está lejos,
pero a la vez tan claro como una fotografía
que puedes tener en la mano y estudiar,
una fotografía de un auto en medio de un parque
Es algo que está en la frontera de otra cosa,
otra imagen se superpone a la primera:
En un florero hay muchos tallos, colores, y
un niño va en camino por la hierba
vestido de azul marino. El chal azul
se parece al cielo azul. El cielo
azul se parece al chal azul.

No es de mañana, no es de tarde
no es de día, no es de noche,
no es verano, no es otoño,
no es invierno y no es primavera,
pero el viento sopla en los árboles y los árboles
aprenden a arrastrar. Los árboles aprenden a arrastrar

La noche un pliego oscuro, un abrigo
sobre tu cabeza. No puedes respirar
Tras los párpados brillan las olas,
un mar sobre el rostro y las manos se cierran

Dos amantes se balancean en un puente
desde un siglo agusanado,
caen profundamente
y vuelven vivos

Pienso con la máscara sobre el rostro,
pienso con el casco sobre la cabeza
y las orejas llenas de ruido, pienso en algo
que ha de suceder cuando te vayas,
algo que no ha sucedido cuando vuelvas,
pienso y parece como si tú no pensases

(tras el verde de las hojas)

Monstruo adherido al sueño
y todo el mundo ha de vivir en ti
una ciudad con edificios, ruedas de molino,
                    // árboles y gente
Tú oyes el úbilo de todos
los que comen dentro de ti
Sangras en una majestuosa oscuridad,
pero el siglo escucha
y otra vez te vuelves democrática,
duermes en una cama baja,
llamas por teléfono,
eres asesinada, llevada lejos, arrojada
al mar

Hipóstasis en el cerebro
p.ej. el estado, la gente
florece, tú eres poblada

tomas el ascensor
miras la multitud
haces visera sobre los ojos
subes, subes, las nubes fluyen
allí está el trono
allí está el salón vacío

El mundo surgirá
y saldrá

de un supremo
parlamento

oscuro, brillante
se filtra mañana parpadeante

Un edificio tan poco construido
que toca a todos,
un jol tan grande que solo
un rico consigue espacio y cielo
y el infierno no existe,
un lugar donde el alma se reproduce
bajo un techo de vidrio,
un olor peor que el mundo reunido
Un dedo señala un reino milenario
en el polvo. Es tu pobreza

(Escalera de la Orangerie, Versailles)
Hace tanto frío que el vino se congela en las copas
Una penuria se alimenta de este lujo,
Una oscuridad devorada y ninguna salida
Escaleras que no conducen a ninguna parte
Puedes medir la distancia con la mirada:
escaleras al cielo, escaleras de dioses, escaleras de la
demagogia
Un semidiós. Tengo lágrimas en mis ojos,
beso a los transeúntes. Ellos se inclinan

Donde los sueños se transforman en gente
hombres, mujeres, niños se deslizan adentro
y fuera de mi sueño. Los pensamientos
brillan como castillos. Los castillos
alumbran como pensamientos. Y yo soy un jinete
de armadura

Cada siglo desaparece yo entro en el séptimo año
cada siete años se abre un siglo
Aquí comienza
otra cosa

un dibujo desaparece,
"simplemente lo perdimos", un dibujo
del alma que el niño dijo:
un castillo reconstruido, cielo secularizado

(heliotropo)

Oh tú que iluminas
hojas e insectos,
un clima más cálido entra en un año
Desde el árbol, allá arriba
veo lo que tú en el microscopio
Cierra los ojos:
los humanos hormiguean, pequeños como nueces
en la hierba que se balancea, sombreada por el árbol

Se alza la alfombra tras el verdor de hojas,
tras niebla de la cosa, metido entre globos,
tras el verdor de hojas, entre globos
se desgarra el rostro en una sonrisa

(se alza la alfombra)

Dos pensamientos:
salas inhumanamente grandes
y la gente hormiguea
en bajo fondo inglés

satisfecha y encendida
saliendo y entrando en mi mente

(Campaña Ofelia)
Un medio ser humano, a medias sumergido,
a medias resucitado

en un kiosco abierto toda la noche, un castillo,
una poza verde
Invasión rusa, flamenca, americana
que construye pisos entre la gente, una torre oscilante

Ofelia condenada, absorta
en un charco de verdor
(nadan las manos)

puente bajo el agua

Hierba se mece en hierba
Pequeños banderines, las hojas
mueven el viento
Los árboles dan sombra,
las hojas dan sombra
a los ojos, boca, el paladar
crea una industria
supraterrena
en tejidos, músculos
El corazón golpea y golpea

Aparece un área
como tono, habla
una superficie optimista
construida después de un recuerdo indulgente
aire, luz, campos verdes
están a la sombra del terreno
registran que tú estás aquí

No te dejan tranquila los suspiros,
esos "¡Oh!" que aparecen por causa de
mí, y yo soy una niña,
una pequeña chica, una madera de deriva
en un yo más grande, mar diverso,
una navegación verbosa, horizonte
Y por esto más fácil de divisar
aun de lejos, más fácil de divisar
agua podrida, miles de silbantes fosforecencias

(Ofelia 2)
Placeres en un tiempo de grandeza: se archivaron
en los tempranos sesenta. Åse Gruda Skard
escribe sus notas personales
Tratan sobre mí. Soy una niña psicótica.
Juego en el suelo. La ventana es una ventana al cielo.
El cielo es un cielo. Åse es buena, y yo lloro,
no, Åse llora y yo soy buena
Yo canto, escribe Åse, una canción, sí

en mi mente

Eres recién nacida,

susurra entre los árboles
El verano en una concha
que brilla
Tus ojos giran
y giran

(Pelo amarillo)
Las nubes se mueven rápidas por el cielo,
la calle desaparece en tijera dorada
entrando en un edificio afable
alguien ha cambiado las camas de lugar
y arrojado avena sobre el piso;
una espumosa habitación oscura

Una muchacha comienza a cantar:
no soy yo la que sale de la habitación,
no soy yo la que baja la escalera,
no soy yo la que está fuera de la casa
llamándote

Los árboles lejos tras los árboles
en un bosque creciente
todos pueden oir el latido
en su propio oído, los latidos
Movimientos relámpago

juegan un jadeante juego,
carreras con el sol en los ojos,
las sombras se alargan

(canto)
El oso duerme
dentro de la nieve, dentro del agua
brillante como acero

Y tú andas tranquila
sobre los témpanos
entra el trineo raspando

la la la la la

Ese canto lo recuerdo
dormía, dormía y no despertaba. Despertaba,
despertaba sobre mí mientras dormía,
respiraba, un niño que
huye al bosque con nada,
dormía, dormía y soñaba con nadie,

nadie para ver, que llama a lo lejos
mira hacia aquí, no hacia allá. Es un juego,

nadie sabe quién es que comienza

Ese verano en que no creciste
El caballo era inteligente, iba
en círculos y se movía sobre
grandes distancias, pero todo era demasiado pequeño
cuerpo, cabeza, casa, ropa
Prado pisoteado por pasos del caballo

(kvadradata prisma)
Se dibuja en ti, un aparato
adaptado a tus latidos de corazón
Eres un niño que despierta de un sueño;
una punta de aguja raspa en fino papel,
un círculo imperfecto se dibuja una y otra vez
entrando en un recuerdo: una hoja transparente
imitas tu propia letra,
la mano cubre la boca; la carta
no es escrita

Mano oculta en una mano,
la mano que no es mano
se hace mano otra vez, agarra
cristal, cubiertos, tallos de flores
una nueva mano convocada a la mano
agarra un cristal dentro del cristal,
tallo en tallo,
un brillo abandonado

(Biotopo)
Yo un grito, un ¡hurra!
penetra en lugar indefinido,
que queda de todo lo que dije,
toda la hierba, toda la grava que he pisado
El verde sobre el gris se vuelve
otra escala de colores, un canto
intravenoso, un pasaje entre
lo verde y lo gris
Presente, subjuntivo

La rueda gira
una última vez sí
y una última vez no

un tono apenas audible: engramado mnémico
capacidad de volverse hacia la luz
Condiciones de vida exterior naufragan
dentro de todos los organismos

un proceso se retrasa
y se toma una y otra vez

Es otoño
y una ciruela cae, la manzana,
la fruta cae
y el ingeniero del alma
pinta el universo con cucharilla
Nieva en la nieve, nieva en la lluvia,
nieva en la espalda
Caen las estrellas

Más tarde es el invierno
una habitación cuadrada en un cielo
hierro, innumerables espacios brillantes

brillan

Una música taladra el tejido
Sientes vibrar cada tono
en la palma de la mano. Cada tono vibra

un dibujo de arcos y olas
y el dibujo es un ojo
que se cierra. El ojo que se cierra
se abre en espacios invisibles, mecánicamente

Una cabeza luminosa en un alma oscura;
                              // un ingeniero inverso,
se dijo. Un mar, se dijo
Un mar con arcos y olas y espacios luminosos
El mar en los oídos es el sonido de todos, se dijo
y las olas brillan en los ojos: una comunidad
dentro de otra, y la gente habla de
construirse. Un castillo, se dijo, luminoso
en un mar oscuro

En mi mente, en mi mente
(donde las paredes se derrumban)

Escenario infantil:
de la *c* a la *z*,
un mar, un bosque,
un perro, un árbol,
un carácter, un verbo
para saltar o caer
en un paraíso reducido,
una ola, una gloria,
y eres un castillo,
una amenazante masacre

No es nieve, sino viento
No es viento, sino hojas
No son hojas, sino lluvia

Puntos movedizos en un mapa ampliado
edificios y avenidas, sombras y hojas
música folklórica porosa. Baile
dentro de una sala vacía
rostros porosos de gente porosa
gente que se queda en gente
geográficamente decidida por los que están primero
en locales del sueño,
gente que se detiene en gente
edificios y avenidas
Puntos ampliados en un mapa en movimiento

Pisos son construidos
en un lago transparente,
puentes se construyen, escaleras,
veredas de hierro. Fuentes
con millones de gotas,
el agua se envía por tuberías
los pisos se bajan, una construcción compuesta por
cien pilares mentales,
abajo a través de la infancia, el periodo escolar,
las colecciones de insectos, el método científico
horas de canto y voces estridentes del
gimnasio; una tarde de invierno
cuando intentaste cultivar crisantemos
directamente en el herbario

Zumba el cielo y un lago sube,
se copia a sí mismo en el aliento de la gente,
en las nervaduras de las hojas
La lluvia cae en un cuadrado oscuro,
se reconstruye en las presas de agua de lluvia
El más mínimo movimiento de insectos
y humanos es registrado,
etiquetado, hoja enmarañada se extiende en
                                        // pequeñas ramas
durante un verano que se extiende en un año,
una entera vida, una biografia que se ramifica
Estrellas flotan

www.ingramcontent.com/pod-product-compliance
Lightning Source LLC
Chambersburg PA
CBHW061157040426
42445CB00013B/1711